십자가는 하나님의 입증

D. M. 로이드 존스 지음

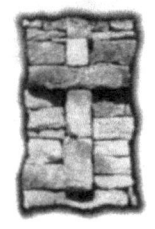

평강의 주께서 친히

때마다 일마다

평강을 주시기를 기도하며

특별히   님께

이 소중한 책을 드립니다.

차례

1부

영으로 본 십자가

십자가는 하나님의 입증 ········ 7

2부

눈으로 본 십자가

현대 의학으로 본 예수 그리스도 고통 ········ 55

* 하나님께서는 당신이 4가지 사실을
  알기 원하십니다 ········ 85

영으로 본 십자가

십자가는
하나님의 입증

D.M. 로이드 존스

십자가는 하나님의 입₩

"이 예수를 하나님이 그의 피로 인하여 믿음으로 말미암는 화목 제물로 세우셨으니 이는 하나님께서 길이 참으시는 중에 전에 지은 죄를 간과하심으로 자기의 의로우심을 나타내려 하심이니 곧 이 **때에** 자기의 의로우심을 나타내사 자기도 의로우시며 또한 예수 믿는 자를 의롭다 하려 하심이니라"
(롬 3:25~26)

이 말씀에 주의를 기울여보라. 성경 전체에서도 이 두 구절의 말씀은 특히 중요하다.

❶

여기서 우리는 기독교의 핵심인 '속죄'에 대한 서술을 보게 된다. 누군가는 일찍이 이 구절을 '기독교 신앙의 성채(城砦)'로 묘사한 바 있다. 어찌되었건 이 두 구절의 말씀은 인간이 생각할 수 있는 가장 중요한 말씀이라고 볼 수 있다. 교회는 역사적으로 이 말씀을 통해 성령이신 하나님께서 많은 영혼을 어둠에서 빛으로 인도했고, 또 많은 불쌍한 죄인에게 구원의 지식과 확신을 주셨다고 확신하고 있다.

이 구절과 관련이 있는 역사상 인물의 유명한 예화를 한 번 보자.

시인인 윌리엄 쿠퍼(William Cowper)는 깊은 가책으로 영혼의 고뇌를 느끼고 있었다. 마음의 평정을 찾을 수 없었던 그는 극도의 절망을 느끼며 어찌할 바를 몰라 안절부절하고 있었다. 거의 자포자기 상태에서 방을 거닐고 있을 때,

십자가는 하나님의 지혜

갑자기 창문을 통해 들어온 세찬 바람 때문에 그는 떠밀리다시피 의자에 주저앉게 되었다. 그런데 거기에 바로 성경한 권이 놓여있었다. 그는 성경을 들고 손에 잡히는 대로 폈다. 우연히 펼쳐 읽기 시작하다 눈이 멈춘 곳이 바로 이구절, 로마서 3장 25절 말씀이었다. 그 때의 상황을 자신이 직접 묘사한 글이 있다.

"내 눈이 멎은 구절은 로마서 3장 25절 말씀이었다. 그 구절을 읽으면서 나는 내 속에 믿음의 힘이 생기는 것을 느꼈다. 의로운 태양빛이 충만하게 비치어 왔고, 그리스도께서 내 죄를 용서하셨다는 것과 나를 온전히 의롭다 하기 위해 이루신 완전한 속죄를 깊이 맛보았다. 나는 평화의 복음을 믿었으며 영접했다. 전능하신 하나님의 팔이 나를 붙들어주지 않으셨다면, 아마 나는 감격과 기쁨에 빠져 허우적거렸을 것이다.

두 눈은 눈물로 가득 찼으며 감사한 마음으로 사랑과 경이로움이 넘쳐흐르는 하늘을 응시할 뿐이었다."

로마서 3장 25절이 유명한 시인 윌리엄 쿠퍼에게 행한 일이었다. 이 말씀은 다른 사람들에게도 같은 영향력을 발하고 있다.

이 말씀이 의미하는 바를 알고 있는가?

25절을 보기 전에 그 앞의 내용을 살펴보자. 바울 사도는 로마서 3장 24절을 통해 이제 우리가 "그리스도 예수 안에 있는 구속으로 말미암아 하나님의 은혜를 값없이 의롭다 하심을 얻은 자"가 될 수 있다고 말하고 있다. 다른 말로 하면 이제는 '율법 외에 구원의 길이 열렸다'는 것이며 '구원은 우리가 율법을 지키는 것과 무관하다'는 의미이다. 그것은 그리스도 안에 있는 자유로운 길이다. 하나님은 '그리스도 안에서' 우리를 구속하셨으며, 25, 26절은 그 '구속이 어떻게 일어났는가'를 설명하고 있다.

구속은 어떻게 일어났는가?

구속을 설명하는 의미깊은 두 단어, '**화목**(Propitiation)' 과 '**피**(Blood)'를 생각해 보자. 우리는 화목과 피를 통해 얻은 구속이 믿음이라는 도구로 임한다는 것을 알고 있다. 그러나 바울 사도는 여기에서 멈추지 않는다. 그는 그 이상의 것을 말하고 있다. 말씀을 다시 보라.

"이 예수를 하나님이 그의 피로 인하여 믿음으로 말미암는 화목 제물로 **세우셨으니** 이는 하나님께서 길이 참으시는 중에 전에 지은 죄를 간과하심으로 자기의 의로우심을 나타내려 하심이니 곧 이때에 자기의 의로우심을 나타내사 자기도 의로우시며 또한 예수 믿는 자를 의롭다 하려 하심이니라."(롬 3:25~26)

십자가는 하나님의 일름

바울 사도는 24절에서 멈추지 않고 왜 계속 말을 잇고 있는가? 25, 26절이 의미하는 것은 무엇인가? 그 해답을 발견하기 위해서 다음의 용어를 한 번 더 생각해 보아야 한다.

우선 **'세우셨다'**(set forth)는 말을 보자. 그것은 **'명백히 하다'**(to manifest), **'분명하게 하다'**(to make plain)를 의미한다. 이 말에서 관심을 끄는 무엇인가를 느낄 수 있는가? 이 말은 바로 다음의 사실을 의미한다.

첫째, 갈보리에서 주 예수 그리스도가 십자가 위에서 죽으신 것은 우연한 사건이 아니었다는 것이다.

그것은 하나님의 일이었다. 거기에 예수를 세우신 분은 하나님이셨다. 사람들이 십자가를 감상적으로 다루며, "아, 그는 세상에서 정말 선하셨어. 정말 거룩하셨지. 그의 가르침은 너무나도 훌륭했어. 나쁜 사람들이 그를 십자가에 못

박았어"라고 말할 때, 하나님의 영광은 얼마나 쉽게 그 의미가 희석되고 마는가!

그런 감상적인 태도는 예수께서 그의 죽으심 때문에 슬퍼하기 시작했던 예루살렘의 딸들을 향해 "나를 위하여 울지 말고 너희 자신들을 위하여 울라"고 말씀하셨던 것을 잊어버리는 것이다. 십자가를 보면서 그저 주 예수 그리스도의 죽으심을 애도하는 것으로 그친다면, 그것은 우리가 십자가를 올바르게 이해하지 못하고 있음을 의미한다.

예수를 십자가에 세우신 분은 하나님이시다. 십자가는 우연한 사건이 아니라 깊은 경륜 속에서 이루어진 것이다. 사도 베드로는 오순절에 설교할 때, 그 모든 일이 '하나님의 정하신 뜻과 미리 아신 대로' (행 2:23)일어났다고 말했다.

'하나님께서 예수님을 세우셨다.'

둘째, '세우셨다'는 이 단어는 행동의 공개적인 성격을 강조한다.

이 일은 공개적으로 행한 하나님의 위대한 행위이다. 하나님은 그분의 행동이 외적으로 드러나도록, 또 다른 사람들이 그 행동의 의미를 고찰할 수 있도록, 단번에 그리고 영원히 기록될 수 있도록 세계 역사의 무대에서 공개적으로 그 일을 행하셨던 것이다. 하나님은 공개적으로 "예수를 그의 피로 인하여 믿음으로 말미암는 화목 제물로" 세우셨다.

이제 '세우셨다'는 이 단어의 의미를 깨달았다면, 다음과 같은 극히 중요한 질문을 제기하게 될 것이다.

하나님은 왜 예수를 화목제물로 세우셨는가?

하나님이 이를 행하도록 할 마음이 생기도록 한 동기는 무엇이며, 하나님으로 하여금 그것을 행하시도록 결심하게 한 것은 무엇인가?

가장 좋은 답은 바울이 사용한 단어를 하나하나 살펴보는 가운데 그 말의 의미를 확실히 이해하는 것에서 얻을 수 있을 것이다. 그때 우리는 그 단어들을 전체적으로 볼 수 있고, 바울 사도가 이 구절을 덧붙인 이유를 정확히 이해할 수 있을 것이다.

첫 번째 단어는 '나타내다(to declare)' 이다.

이는 '그의 의로우심을 나타내다' 라는 의미이다. 이것은 **'보이다'** (to show), **'명백하게 하다'** (to manifest), **'분명**

한 증거를 제시하다'(to give an evidence token), '증명하다'(to prove)를 의미한다.

바울 사도는 하나님이 우리를 구속하기 위해서 그리스도를 속죄의 제물로 사용했다고 말한다. 그렇다. 그러나 그것에 더해 하나님께서는 여기서 무엇을 '나타내고 있다'. 하나님은 무엇을 보이고 있으며, 무엇을 명백하게 하고 있으며, 무엇에 대한 분명한 증거를 제시하고 있다. 그러면 그것이 무엇인가?

바로 그의 **'의로우심'** 이다.

21절 이하에서 보아온 이 단어 '의로우심'의 표현을 주의깊게 보아야 하겠다. 유감스럽게도 동일한 용어가 두 가지의 다른 의미를 포함하며 사용되고 있다. 지금까지 우리는 '의로움'이란 이 용어는 '의의 길'을 의미한다고 파악해 왔다. 21절로 돌아가 보자. '이제는 율법 외에 하나님의 한

❶

의가 나타났다'고 바울은 말한다. 다른 말로 하면, **'사람을 의롭게 만드는 하나님의 길'**, **'사람들에게 의를 주시는 하나님의 길'**이다.

그러나 여기서는 의의 길을 의미하는 것이 아니다. 여기서 바울은 하나님이 그의 의를 나타내심을 통해서 무엇을 행하셨다고 말한다. 그것은 하나님이 우리에게 주신 의가 아니라 오히려 하나님 자신의 영광스런 속성들 중의 하나이다. 즉 **하나님의 공평**을 의미한다. 이것은 **하나님의 공평한 의**를 의미한다. 그것은 하나님의 본질적이며 도덕적이고도 거룩한, 그리고 공평하고 의로운 성품을 의미한다.

바울은 다음 절(26절)에서 다시 말한다. "자기도 의로우시며 또한 예수 믿는 자를 의롭다 하려 하심이니라." 바로 **'자기도 의로우시며'**라고 말이다. 십자가에서 하나님은 자기의 의로우심, 자기의 의로운 성품, 자기의 고유하고 본질적인 의로움과 공평함을 나타내고 있다.

두 번째 단어는 '으로(for)' 이다.

"전에 지은 죄를 간과하심으로 자기의 의로우심을 나타내려 하심이니."

'으로'는 '~에 대하여'(in respect of), '~때문에'(on account of)를 의미한다. 하나님은 전에 지은 죄를 용서하셨기 때문에 그의 의를 나타내고 있다.

세 번째 단어는 '용서하심'(remission/한글 성경은 '간과하심'으로 표기-편집자 주)이란 단어이다.

유감스럽게도 흠정역(AV)은 이 점에서 잘못을 범하고 있다. 흠정역이 표준개정역(RSV)을 포함하여 개정역(RV)보다 실제 열등한 경우가 바로 이런 경우이다. 흠정역에서 '용

❶

서하심'이란 단어를 찾으면, 아마도 여러 번 발견하게 될 것이다. 그러나 헬라어에서 사용된 실제의 단어를 찾아보게 된다면, 바울 사도가 여기서 사용한 '**용서하심**'으로 번역된 이 단어는 신약 성경 전체에서 오직 이곳에서만 사용되었다는 것을 알게 될 것이다. 바울 사도는 이 표현을 다른 곳에서는 한 번도 사용하지 않았으며, 다른 이들도 이 말은 전혀 사용하지 않았다. '**용서하심**'이라고 번역된 또 다른 단어가 있는데, 이는 여러 가지 형태로 신약성경에서 17번이나 찾을 수 있다.

그러나 여기서 보고 있는 이 단어는 유일하게 이곳에서 한 번 사용되었으며, 실제로 '**용서하심**'을 의미하지도 않는다. 그것의 올바른 의미는 '**간과하심**'(preterm-ission)이다.

'**간과하심**'이란 무엇인가? 죄를 '간과하는 것'은 죄를

'용서하는 것' 과는 별개의 것이다. '간과' 라는 말은 로마의 법률에서 사용되었던 단어이다. 로마법에서 이 단어는 어떤 사람이 유언을 했는데, 그의 유언에서 당연히 언급되어야 할 누군가를 그냥 지나쳐버린 경우에 사용되었다.

유언을 하고 있는 한 사람을 상상해 보라. 그는 많은 친구들에게 자신의 것을 주겠다고 얘기하고 있다. 그런데 한 친구의 이름은 거론하지 않는다. 그것이 바로 **'간과하심'** 이다. 유언에서 그 친구를 제외시킨 것이다. 그 친구를 고려하지 않았다. 그것은 **'넘어간다'** (pass over)는 의미로 해석할 수도 있다. 그는 모든 친구들과 친척들에게 무엇인가를 남겨주었지만 유독 한 친구만은 그냥 넘어갔다. 그것이 **'간과하심'** 이다. 여기서 사용된 단어가 바로 그 **'넘어간다'** (to pass over), **'빠뜨리다'** (to overlook), **'무시하다'** (to disregard), **'주목하지 않고 통과하는 것을 허용하다'** (to allow to pass without notice), **'의도적으로 빠뜨리다'** (to overlook intentionally)의 의미를 지닌 **'간과하심'** 이란 단어이다.

바울 사도는 어떤 이유가 있는 것처럼 의도적으로 이 단어를 사용했다. 우연히 일어난 일이 아니다. 그러면 그는 왜 다른 곳에서 사용했던 단어를 여기서 사용하지 않았는가? 왜 여기서 이 단어를 사용하고 있으며, 그것도 여기서만 사용하고 있는가? 또한 왜 **'넘어간다'** (passing over)를 의미하는 이 특별한 단어를 사용했는가? 이는 그가 넘어간다는 사상을 의도적으로 전달하려고 했기 때문이다. 그러므로 **'전에 지은 죄를 용서하심으로'** 라고 번역하는 대신에, **'전에 지은 죄를 넘어가심으로'**, **'전에 지은 죄를 간과하심으로'** 라고 해야 한다.

'용서하심' 과 **'간과하심'** 의 차이는 **'용서하는 것'** 과 **'벌**

하지 않는 것'의 차이이다. 쓸데없는 불필요한 구별이라고 말하는 이도 있겠지만, 그렇지 않다. 물론 결론적으로 나타나는 것은 같다. 만일 내가 어떤 사람을 벌하지 않는다면, 어떤 면에서 나는 그를 용서한 것이다. 그러나 분명히 차이가 있다.

뒤집어 생각해보자. 만일 내가 그를 용서했다면 나는 확실히 그를 벌하지 않을 것이다. 용서하는 것은 벌하지 않는 것 이상을 의미한다. 그래서 **'간과하심'**. **'넘어감'**이라는 이 용어는 **'용서하심'**에는 미치지 못한다. 또한 이것이 흠정역에서 이 단어를 **'용서하심'**이라고 번역한 것이 유감스러운 이유이다. 정확한 의미는 **'전에 지은 죄를 넘어가셨다'** 혹은 **'간과하셨다'** 이다.

네 번째 단어는 '전에 지은'(that are past)이란 구절이다.

"전에 지은 죄를 넘어가심으로"라고 했다. 흠정역에 따르면, 바울 사도가 말하는 것은 '과거의 죄-나의 과거의 죄, 당신의 과거의 죄- 즉 지나간 죄'를 넘어가는 것이라는 결론에 도달하게 된다.

그러나 바울 사도가 말한 의미는 다르다. 그가 의미했던 바를 제대로 번역한다면 **'이전에 범한 죄들'**이 맞을 것이다. 그는 한정된 시간에 대해 언급하고 있다. 그 다음절에서 '이 때에'와 대조시키는 것이 바로 그 시간이다. 먼저 '그 때'가 있었고, 다음에는 '이 때'가 있다.

"하나님이 이 예수를 그의 피로 인하여 믿음으로 말미암는 화목 제물로 세우셨으니 이는 하나님께서 길이 참으시는 중에 <u>이전에 범한 죄를 넘어가심으</u>로 자기의 의로우심을 나타내려 하심이니 곧 <u>이때에</u> .."

라고 그는 말한다.

바울 사도는 무엇을 뒤돌아보고 있는가? 바로 옛 경륜을 돌아보고 있다. 바울은 하나님은 옛 경륜 하에서, 옛 계약 하에서 구약 시대에 범한 죄악들을 넘어가셨다고 말한다. 그의 요점은 하나님께서 그 일을 행하셨으며, 이제는 그가 그 때 행하신 것에 대해 어떤 새로운 일을 행하기 위해 그리스도를 세우셨다는 것이다. 이것이 바로 우리가 생각해보아야 할 다음 단어를 생각나게 한다.

다섯 번째 단어는 '오래 참음 (forbearance)이다.

'오래 참음'이란 무슨 말인가?

오래 참음이란 **자제**(self-restrain)를 의미하며, **관용**(tolerance) 혹은 **묵인**(toleration)을 의미한다. 바울은 여기서 무엇을 말하고 있는가?

❶

하나님은 자제하심을 통해 이전에 범한 죄를 넘어가심으로 그의 의를 나타내시기 위하여 예수를 그의 피로 인하여 믿음으로 말미암는 화목 제물로 세우셨다. 이것은 무엇을 의미하는가?

바울 사도가 말하고 있는 것은 하나님이 갈보리에서 행하신 이 공공연한 행위가 구약 경륜 하에서의 행위와 관계가 있다는 것이다. 그 때에 하나님은 그의 자제하심과 용서하심 안에서 그 시대 사람들의 죄악을 넘어 가셨고 간과하셨으며 지나가셨다.

예수를 화목제물로 세웠다는 것은 무엇을 의미하는가?

우리는 신약 성경의 다른 두 곳에서 같은 부류의 진술을 살펴봄으로써 아주 흥미로운 방식으로 이 질문에 답할 수 있다. 바울 사도가 아테네에 있는 스토아와 에피쿠로스, 그리고 다른 회중에게 어떻게 설교했는지를 기억하는가?

그 내용은 사도행전 17장 30절부터 시작한다. 바울 사도는 설교를 마치면서 "알지 못하던 시대에는 하나님이 허물치 아니 하셨거니와 이제는 어디든지 사람을 다 명하사 회개하라 하셨으니"하고 말한다. 그가 어떻게 그의 설교를 마치고 있는지 주목하여 보라. 그는 하나님은 이 모든 세대와 세기를 통하여 자기를 증거하지 않는 것이 없다고 말한다. 하나님은 사람들로 하여금 주님을 찾도록 하기 위해 표적들을 남겨놓으셨다.

"이는 사람으로 하나님을 혹 더듬어 찾아 발견케 하려 하심이로되 그는 우리 각 사람에게서 멀리 떠나 계시지 아니하도다 우리가 그를 힘입어 살며 기동하며 있느니라 너희 시인 중에도 어떤 사람들의 말과 같이 우리가 그의 소생이라 하니 이와 같이 신의 소생이 되었은즉 신을 금이나 은이나 돌에다 사람의 기술과 고안으로 새긴 것들과 같이 여길 것이 아니니라 알지 못하던 시대에는 하나님이 허물치 아니하셨거니와 이제는 어디든지 사람을 다 명하사 회개하라 하셨으니 이는 정하신 사람으로 하여금 천하를 공의로 심판할 날을 작정하시고 이에 저를 죽은 자 가운데서 다시 살리신 것으로 모든 사람에게 믿을 만한 증거를 주셨음이니라"
(행 17:27-31)

다른 구절은 히브리서 9장 15절이다.

"이를 인하여 그는 새 언약의 중보니 이는 첫 언약 때에 범한 죄를 속하려고 죽으사 부르심을 입은 자로 하여금 영원한 기업의 약속을 얻게 하려 하심이니라."

히브리서 9장 15절은 바울 사도가 로마서 3장 25, 26절에서 말하고 있는 것과 같은 것을 말하고 있다. 로마서의 말씀에 관한 참된 주석을 히브리서의 진술에서 발견할 수 있는 것이다. 히브리서의 저자는 독자들이 옛 언약과 그 옛 언약 하에서 그들이 하나님께 드렸던 희생과 제물들에 관해 알기를 원하고 있다. 제물은 마음이 청결해야 하고, 청결한 것만 보아야 했다. 그렇지 않으면 죄를 속하지 않은 것이다. 그 정결한 제물만이 '육체를 정결케 하는 일에' 유용하게 사용되었다.

"염소와 황소의 피와 및 암송아지의 재로 부정한 자에게 뿌려 그 육체를 정결케 하여 거룩케 하거든"(히 9:13)

그러나 그 제물을 통해 그 이상을 할 수는 없었다. 제물이 양심을 다룰 수는 없다. 그것은 어려운 일이다. 그렇지만 가장 핵심적인 문제는 역시 양심에 관한 것이다. 만일 염소와 황소의 피가 육체를 정결케 했다면, "하물며 영원하신 성령으로 말미암아 흠 없는 자기를 하나님께 드린 그리스도의 피가 어찌 너희 양심으로 죽은 행실에서 깨끗하게 하고 살아계신 하나님을 섬기게 못하겠는가?"(히 9:14)

지금까지 드린 예물과 제사는 섬기는 자의 양심을 온전케 할 수는 없었다.

"이런 것은 먹고 마시는 것과 여러 가지 씻는 것과 함께 육체의 예법만 되어 개혁할 때까지 맡겨 둔 것이니라 그리스도께서 장래 좋은 일의 대제사장으로 오사"(히 9:10-11)

히브리서 기자가 여기서 말하고 있는 것은 옛 언약 하에서, 옛 경륜 하에서는 근본적인 의미에서 죄를 처리하는데 대한 규정이 없었다는 것이다. 말하자면 그것은 단순히 죄를 모른 체하고 지나가는, 당분간 죄를 덮어두는 수단이었다. 그런 옛 제물들과 제사는 육체의 정결을 주었고, 의식의 청결을 부여했으며, 사람들로 하여금 하나님께 기도하기 위해 나아갈 수 있게 했다.

그러나 옛 언약 하에서는 실질적으로 죄를 처리할 수 있는 어떤 희생도 없었다. 옛 언약 하에서 행해진 일들은 그저 장차 올 이 희망을 가리키는 것이었으며, 장차 올 그 희생은 실제로 죄를 처리할 수 있고, 또한 죽은 행실로부터 양심을 깨끗하게 하실 수 있으며 진실로 사람을 하나님과 화목하게 할 수 있다.

이렇게 풀이하면, 어떤 이들은 '그러면 구약 시대의 성도들은 용서함을 받지 못했다는 것인가'고 물을 것이다. 물론 그렇지는 않다. 그들은 분명히 용서를 받았으며, 그들은 그 용서받음으로 인하여 하나님께 감사드렸다. 누가 다윗과 아브라함과 이삭과 야곱 같은 사람들이 용서를 받지 못했다고 말할 수 있겠는가!

그들은 물론 용서받았지만 그 때 드려진 제사들 때문에 용서받은 것은 아니다. 그리스도를 기대했기 때문에 용서받은 것이다. 그리스도를 본 것은 아니지만, 그들은 그 교훈을 믿었으며 믿음으로 이 제물들을 드렸다. 믿음의 선조들은

십자가는 하나님의 답동

하나님이 언젠가 그 어떤 희생물을 제공하려고 하시는 말씀을 믿었으며, 그 믿음에 의지했다. 그들을 구원했던 것은 바로 그리스도께 대한 그들의 신앙이었다. 엄밀히 말해서 지금도 구원하는 것은 그리스도를 향한 믿음이다. 그것이 핵심이다.

그러나 어떤 의미에서 보면 문제는 여전히 남아 있다. 하나님은 항상 자기 자신을 죄를 미워하는 하나님으로 계시하셨다. 하나님은 그가 죄를 벌하실 것이며 죄의 징벌은 죽음이라고 선언하셨으며, 죄와 죄악들 위에 그의 진노를 쏟으실 것이라고 공포하셨다. 그럼에도 불구하고 여러 세기 동안 외적으로 드러난 세상에서는 어느 모로 보나 하나님은 자신의 말씀을 어기고 계시는 것처럼 보인다. 하나님은 죄를 넘어가고 계시는 것이다.

그렇다면 하나님은 죄를 벌하시는 일에 관심을 거두신 것인가? 하나님은 도덕적인 악에 무관심해지셨는가? 그렇지 않다면 하나님이 어떻게 죄를 넘어가실 수 있는가? 이는 실제적인 문제이다. 염소와 황소의 피와 및 암송아지의 재가 죄의 문제를 해결할 수 없는 것은 분명하다. 그럼에도 불구하고 하나님은 이 죄악들을 지나가셨다.

십자가는 하나님의 입증

하나님은 왜 죄악을 지나가시는가?

이 '하나님의 오래 참으심'을 정당화시키는 것은 무엇인가? 바울 사도는 '하나님은 온 세상 앞에서, 온 세상의 무대와 공연장에서, 또 갈보리에서 그리스도 안에서 그분이 공공연히 행하신 것을 통해 이 질문에 대해 답하셨다'고 말한다. 하나님은 여러 세기 동안 진노를 보류하셨다. 그 때까지 하나님은 그분의 진노를 충분히 나타내지 않으셨다. 그러나 이제 하나님은 진노를 완전히 드러내셨다. 하나님은 이제 죄에 대해 벌할 것을 선언하셨다. 그것이 바로 십자가에서 일어난 일 중의 하나이다. 갈보리 언덕의 십자가 위에서 하나님은 그가 여러 세기 동안 행하고 계셨던 것을 확연히 드러내셨다. 그렇게 행함으로써 하나님은 그 자신의 영원한 성품인 의와 거룩하심 또한 입증하셨다.

하나님은 얼마나 정확하게 이것을 행하셨는가?

이제 나는 이 문제에 답하려고 한다. 또 내가 그렇게 함으로써 당신은 왜 내가 '화목제물'이란 이 단어를 끈질기게 물고 늘어지며 그 단어의 의미에 주의를 집중하고 있는지 알게 될 것이다.

하나님은 어떤 방식으로 죄에 대한 진노를 갈보리 위에서 드러내셨는가? 그 사건을 통해 어떻게 하나님은 그의 성품을 입증하셨는가? 하나님은 그의 자제하심과 용서하심을 통해 지나간 시대의 죄악들을 넘어가신 것에 관해 어떻게 설명하셨는가?

하나님이 이를 설명하실 수 있었던 한 가지 방법이 있다. 하나님은 그분이 죄를 미워하신다는 것, 죄를 벌하시리라는 것, 죄와 죄악들 위에 진노를 쏟으시리라는 것을 말씀해 오섰다. 그러므로 하나님이 죄에 대해 벌하셨다는 것을 스스로 입증할 수 없는 한, 하나님은 더 이상 의롭지 않으시다고 할 수 있다.

그런데 바울 사도는 이 입증을 갈보리에서 하나님이 행하셨다고 말한다. 하나님은 여전히 죄를 미워하시며 죄를 벌하고 계신다는 것, 죄를 반드시 벌하시며 죄 위에 그분의 진노를 쏟으신다는 것을 보여주셨다는 것이다.

갈보리에서 하나님은 무엇을 보이셨는가?

하나님이 갈보리에서 행하신 일은 죄로 인한 그의 진노를 자기의 독생자요 사랑하는 아들에게 쏟으신 것이다. 우리의 죄 때문에 나와 당신에게 임할 하나님의 진노가 그의 아들에게 임했다. 하나님은 자신이 이것을 행하려 하고 있다는 것을 이전부터 알고 계셨다.

성경에서 우리는 '세상의 창조 전에 죽임을 당한 어린 양'에 관해 읽게 된다. 그것은 영원 전부터 시작된 계획이었다. 하나님이 지나간 모든 세대 동안에 죄를 넘어가실 수 있었던 것은 자신이 이것을 준비하고 있다는 것을 알고 계셨기 때문이었다. 그리하여 하나님은 단번에, 그리고 동시에 자기도 의로우며 예수를 믿는 죄인을 의롭다 할 수 있게 했다고 바울 사도는 말한다.

이는 아주 신비한 문제이다. 하나님은 어떻게 이 상태에서도 여전히 거룩하고 의로우실 수 있는가? 또 그가 행하려는 그 일을 통해 어떻게 죄를 처리하실 수 있는가? 또 어떻게 죄인을 용서하실 수 있는가? 해답은 오직 갈보리에서만 발견된다. 그것이 십자가 위에 나타난 핵심적인 요소이다.

바울 사도에 의하면, 이것이 십자가 사건의 첫 번째 이유이다. 하나님은 옛 언약 하에서 과거에 행하여 오셨던 것을 입증해야 했다. 그러나 하나님은 그 이상의 것을 하셨다. "곧 이때에 자기의 의로우심을 나타내사"라고 바울 사도는 26절에서 말한다. 하나님은 그가 어떻게 지나간 시대의 그 모든 죄악을 넘어가실 수 있었는가를 이제 설명하셨다.

그렇다면 하나님은 지금의 죄는 어떻게 다루시는가?

❶

또 미래의 죄는 어떻게 다루려 하시는가?

해답은 역시 **갈보리 언덕의 십자가**에 있다. 갈보리의 십자가, 예수 그리스도의 죽음은 사도 요한이 요한일서 2장 2절에서 언급하듯 '우리 죄를 위한 화목제물'인 것이다. 그것은 "우리만 위할 뿐 아니요 온 세상의 죄를 위하심"이다.

모든 죄는 십자가에서 단번에 처리되었다. 옛 경륜 하에서 하나님이 지나가신, 말하자면 간과하신 모든 죄, 곧 하나님이 아브라함과 이삭과 야곱과 **옛** 경륜에 속한 모든 신자에게서 용서하신 죄가 처리된 것은 십자가 위에서이다. 이렇게 용서하기 위한 수단으로 준비된 것이 십자가이다. 그들의 죄는 갈보리 십자가 위에서 처리되었다. 뿐만 아니라 지금 용서되고 있는 죄들도 역시 거기에서 처리된다고 바울 사도는 말한다. 또 언젠가 범하게 될 모든 죄가 역시 거기에서 처리되었다.

십자가는 하나님의 대응

갈보리의 그리스도는 놀랍게도 '단번에, 죄의 문제를 처리하고 또 모든 사람을 위하여' 죽으셨다. 이것이 히브리서의 위대한 논증이라는 것을 기억하기 바란다. 날마다 다른 희생 제물을 바쳐야 했고, 제사장들은 계승되었으며, 그들은 계속해서 정결한 제물을 바쳐야 했다. 그러나 이분 그리스도는 단번에, 그리고 영원히 죄의 희생을 드리셨다. 그는 갈보리 십자가에서 과거에서 현재와 미래의 모든 죄를 처리했다.

이제 그 이상 다른 어떤 것도 필요치 않다. 다른 어떤 정결한 제물도 이제 더 이상 필요없는 것이다. 희생 제물은 그리스도를 통해 단번에, 그리고 영원히 드려진 것이다. 하나님은 모든 죄를 거기 갈보리의 그리스도에게 짊어지우셨다. 아직 범하지 않은 죄들도 이미 처리되었다. 거기 갈보리 언덕의 십자가에만 죄 용서함을 받을 수 있는 길이 있는 것이다. 오직 거기에서만. 시간은 흐르고 있다. 이전에 죄가 지어졌고, 지금도 지어지며, 앞으로도 지어질 것이다. 그런데 범죄했을 때마다 어떤 죄든지 용서하시는 하나님의 의로우심이 여기에 있다.

바로 이것이 바울 사도가 로마서 3장 25, 26절에서 말하고 있는 것이다. 모든 죄가 이 근거 위에서 용서된다. 오직 이 근거에 기초해서만. 십자가는 **'하나님은 의로우시며 예수를 믿는 자를 의롭다 하시는 분임'**을 선언한다. 다시 한 번 정리를 한다면, 갈보리의 십자가는 단순히 하나님이 우리를 용서하신다는 것을 선언하는 것이 아니다. 그 사실을 선언하면서 감사하게도 그 점에만 그치지 않는다. 만일 그 사실을 선언하는 것으로 그친다면, 바울 사도는 25절의 '피'라는 단어에서 마칠 수 있었을 것이다. 그 이상의 다른 것이 필요없다. 그러나 바울 사도는 거기서 그치지 않고 계

십자가는 하나님의 싸움

속 나아간다. 그는 25절에서 그치지 않고, 26절을 첨가한다. 왜 그랬는가? 십자가는 단순히 하나님은 언제든지 용서하신다는 선언이 아니기 때문이다.

다른 방식으로 표현하면 십자가는 단순히 우리를 감동시키려는 것이 아니다. 대부분의 사람들이 그 정도로만 생각하고 있지만, 실제로 십자가는 '인류의 고난은 사람들이 하나님이 사랑이라는 것을 알지 못하고, 이미 하나님이 각 사람을 용서하셨다는 것을 알지 못하는 것'이라고 말한다. 사람들은 흔히 십자가를 통해 하나님이 우리를 용서하셨다는 것을 말씀하시는 분은 하나님 자신이라고 말한다. 그리하여 죽어가는 그리스도를 볼 때, 그것이 우리의 마음을 일깨우고 우리로 하여금 하나님의 용서하심을 보게 한다는 것이다. 이렇게 생각하는 사람들의 판단에 따르면 십자가는 오직 우리만을 바라본다. 그러나 십자가는 그 이상의 의미를 가지고 있다.

우리의 용서받음은 단지 한 측면일 뿐이다. 더 중요한 것은 바로 **하나님의 성품**이다. 그래서 십자가는 용서를 가능하게 하는 하나님의 방식이라고 말한다. 하나님에게 있어서 용서는 쉬운 일이 아니다. 혹자의 오해를 막기 위해 내가 경외심을 갖고 말하고 있다는 점을 밝혀둔다. 하나님에게 있어서 용서는 왜 쉬운 일이 아닌가? 그것은 하나님은 사랑이실 뿐 아니라 공평하고 의로우며 거룩하시기 때문이다. 하나님은 빛이시며 그분에게는 어두움이 조금도 없으시다. 하나님은 사랑이신 만큼 의로우며 공평하시다. 이 속성들을 서로 대치시켜 설명하려는 것이 아니라 내가 말하고자 하는 것은 오직 하나님은 이 모든 성품을 함께 소유하신다는 것

십자가는 하나님의 입증

이며, 이 중의 어떤 요소도 무시해서는 안 된다는 것을 말하려는 것이다.

그래서 십자가는 '하나님은 용서하신다'는 것을 우리에게 나타낼 뿐 아니라 **용서를 가능케 하는 하나님의 방식**이라고 말하는 것이다. '하나님은 어떻게 용서하시는가'에 대한 우리의 질문에 '십자가'라는 답을 제시하는 것이다.

하나님은 어떻게 죄를 용서하실 수 있으며 어떻게 여전히 하나님의 정당성을 입증할 수 있는가?

십자가가 바로 하나님의 입증이다. 십자가는 하나님 성품의 입증이다. 십자가는 하나님의 사랑을 다른 어떤 것보다 더 영광스럽게 보여줄 뿐 아니라 하나님의 의로우심, 공평하심, 거룩하심, 그리고 그의 영원한 속성들의 모든 영광을 보여준다. 그것이 모두 십자가에서 함께 빛나고 있다. 하나님의 다양한 속성을 모두 보지 못하고 있다면 십자가가 의미하는 것을 정확히 보지 못하고 있는 것이다. 이것이 이미 설명한 바 있는, 소위 **'속죄의 도덕적 영향의 이론'** - 십자가 할 수 있는 것은 우리의 마음을 일깨워 우리로 하나님의 사랑을 보게 하는 것이라는 이론 - 을 거부해야 하는 이유이다.

바울 사도는 하나님은 "전에 지은 죄를 간과하심으로 자기의 의로우심을 나타내고 있다"고 말한다. 만일 십자가가 단순히 하나님의 사랑의 표현이라면 왜 이렇게 말하겠는가? 단지 사랑의 표현만을 말하는 것이 아니기 때문이다. 십자가는 하나님의 사랑 그 이상의 것이라고 바울 사도는 말한다. 만일 십자가가 단순히 하나님의 용서만을 선포한다면, 우리는 하나님의 말씀을 의지할 수 있을지 없을지, 또

십자가는 하나님의 입뽕

하나님은 의로우시며 공평하신지 아닌지를 질문하게 될 것이다. 하나님은 구약 성경에서 죄를 미워하시며 죄를 벌하시리라는 것과 죄의 삯은 사망이라는 것을 반복해서 말씀하셨기 때문에, 이런 질문은 당연한 일이다.

이는 하나님의 성품과 관련된 문제이다. 하나님은 사람과 같지 않으시다. 우리는 사람들이 어떤 사실을 말하더라도 그 후에 다르게 행동하면 훌륭하다고 생각할 때가 있다. 예를 들어 어떤 부모가 자녀에게 "만일 네가 이것을 하면 사탕 살 돈을 주지 않겠다"고 말했다고 하자. 그러나 소년이 그 일을 저질렀다. 그 때 아버지는 그를 용서하면서 그에게 사탕 살 돈을 준다. 우리는 그것이 사랑이며 참된 용서라고 생각한다.

그러나 하나님은 그처럼 행동하지 않으신다. 그분의 행

동은 늘 일치하시며, 결코 모순이 없다. 하나님은 "빛들의 아버지이며 변함도 없으시고 회전하는 그림자도 없으시다." 이 모든 영광스런 속성들이 하나님의 영원한 성품 안에서 보석처럼 빛나고 있다. 또 그 모든 속성은 명백히 드러나야 하며, 십자가에서 그것이 모두 명확하게 드러났다.

하나님은 어떻게 의로우실 수 있으며 경건치 아니한 자를 의롭다 하실 수 있는가?

이에 대한 답은 하나님께서 그 자신의 아들 안에서 경건치 않은 죄인들의 죄를 벌하셨다는 것으로 가능하다. 하나님은 그분의 진노를 아들 위에 쏟으셨다. 그분의 아들이 우리가 받아야 할 징벌을 받으신 것이다.

"그가 채찍에 맞음으로 우리가 나음을 입었도다."
(사 53:5)

하나님은 그가 행해야 하리라고 말씀하셨던 것을 행하셨다. 하나님은 죄를 벌하셨다. 하나님은 구약 성경 전체에 걸쳐 이를 선포하셨고, 행하리라 말씀하셨던 것을 행하셨다. 하나님은 그가 의로우심을 보여주셨고, 그 의로우심을 공개적으로 선언하셨다. 하나님은 의로우시며 의롭다 하실 수 있다. 왜냐하면 우리 대신에 다른 이를 벌하셨기 때문이다. 하나님은 우리를 값없이 용서하실 수 있고, 또 그렇게 하셨다. 그것이 24절의 메시지이다.

> "그리스도 예수 안에 있는 구속(속죄하심)으로 말미암아 하나님의 은혜로 값없이 의롭다하심을 얻은 자 되었느니라(의롭다고 간주되었다. 선언되었다. 공포되었다.) 이 예수를 하나님이 그의 피로 인하여 믿음으로 말미암는 화목 제물로 세우셨으니."
> (롬 3:24~25)

그리하여 하나님은 자제하며, 이미 저질러진 죄들을 간과하면서 의로움을 선언하신다. 죄를 용서하는 의로우심을 하나님은 그 때에, 그리고 지금, 또 영원히 나타내려 하셨다. 하나님은 한번에, 그러면서도 영원히 그 의를 나타내려

하신 것이다. 그리하여 하나님은 스스로 의로우심을 드러내며 예수믿는 자를 의롭다 하실 수 있었다.

이 위대하고 영광스러운 구절의 의미가 바로 이것이다. 십자가에 대한 견해와 이해가 이제 내가 말한 것을 포함하고 있는지 확인해 보라. 하나님의 의로우심을 선언하는 것에 관한 이 진술로 생각이 전환되었는가? 그저 지나치며, "그 의미를 어떻게 알겠어? 내가 아는 것은 하나님은 사랑이라는 것과 하나님은 용서하신다는 것이야."라고 말하는 것은 아닌가? 이 의미를 반드시 알아야 하며, 이것이 영광스런 복음의 핵심적인 요소다.

갈보리에서 하나님은 당신과 내가 용서받을 수 있도록 구원의 길을 마련하셨다. 그러나 하나님은 그의 성품이 손상되지 않고, 그의 확고부동한 원칙을 완벽하게 지키는 가운데 그렇게 행하셔야 했다.

①

　　십자가를 그와 같은 의미에서 보기 시작한다면, 십자가의 구속 사건이 온 세상에서, 또 전 인류역사에서 가장 엄청나고 영광스러우며, 또한 어마어마한 일이라는 것을 알게 될 것이다. 하나님은 십자가에서 그가 우리를 위해 행하셨던 것을 선언하고, 동시에 그 자신의 영원한 위대함과 영광을 선언하고 있으며, '하나님은 빛이시며 그에게는 어두움이 조금도 없으시다'는 것을 선언하고 있다. 바울 사도가 전하는 이 위대한 진리의 빛 안에서 십자가를 보기 전까지는 십자가의 경이로움을 제대로 보았다고 할 수 없는 것이다.

　　하나님은 단번에, 그리고 영원히 영원한 의와 영원한 사랑을 십자가를 통해 공공연하게 선언하고 계신 것이다. 이 두 성품을 나누지 말라. 그것은 하나님의 성품 속에 함께 포함되어 있기 때문이다.

눈으로 본 십자가

현대 의학으로 본
예수 그리스도 고통

트루만 데이비스

십자가는 하나님의 방법

"그리스도께서도 한 번 죄를 위하여 죽으사 의인으로서 불의한 자를 대신하셨으니 이는 우리를 하나님 앞으로 인도하려 하심이라 육체로는 죽임을 당하시고 영으로는 살리심을 받으셨으니"
(베드로전서 3:18)

이 글에서 나는 '예수님의 수난', 혹은 '예수님 고난의 육체적인 면'에 대해 몇 가지 생각해 보고자 한다.

❷ 십자가

겟세마네 동산에서 재판을 받고, 채찍질을 당하고, 고난의 행렬을 거쳐 십자가에서 돌아가시던 마지막 몇 시간까지, 인간의 몸으로 오셨던 예수님의 발자취를 뒤따라가 보자.

예수님의 육체적 고난 문제에 관심을 갖게 된 것은 짐 비숍이 쓴 「예수님이 돌아가시던 날」이란 책에서 십자가에 못 박히신 예수님에 대한 글을 읽을 때였다. 그때까지 나는 예수님의 십자가 사건을 다소 덤덤하게 생각해왔던 것이 사실이었다. 성경에 그 비참한 모습이 묘사되어 있지만, 시간이 흘러 그 모습이 익숙해지면서 나도 모르는 사이 십자가의 고통에 무디어져 버린 것이다. 더구나 나는 내과 의사이면서도 실제로 예수님의 죽음의 직접적인 원인이 무엇이었는지 알지 못했다.

십자가는 하나님의 선물

이 점에서는 복음서 기자들도 도움이 되지 않는다. 십자가 형벌이나 채찍질이 그 당시에는 잘 알려진 것이었기 때문에 그들은 예수님의 고통이나 고난에 대해 구체적으로 상술하는 것을 불필요하게 생각했다. 따라서 마가가 간략히 남겨 놓은 아래의 글을 통해서 예수님의 고통에 대해 가늠해 볼 수 있을 뿐이다.

"빌라도가 … 예수는 채찍질하고 십자가에 못 박히게 넘겨 주니라 … 때가 제 삼시가 되어 십자가에 못 박으니라"(막 15:15, 25)

그리고 이미 과거에 예수님의 육체적 수난에 대해 연구한 많은 사람들, 특히 프랑스 외과 의사로서 예수님의 십자가 고난에 대해 역사적, 실험적으로 철저하게 연구하며 다양한 글을 써 온 피에르 바르베 박사를 통해 많은 부분 도움을 얻을 수 있었다.

십자가형의 관습

 타락한 인간의 죄를 속하기 위해 성육신하신 하나님의 심적, 영적 고통의 깊이에 대해 논의할 능력은 내게 없다. 그러나 나사렛 예수의 몸이 그 고통의 시간 동안 도대체 무엇을 경험했는지, 그 분의 수난에 대해 생리적이고 해부학적인 면은 세부적으로 고찰해 볼 수 있다. 이런 생각에서 나는 먼저 십자가에 못박는 관습 자체에 대해 공부하게 되었다.

 외관상 십자가에 못박는 관습이 처음으로 알려진 것은 페르시아인들을 통해서였다. 이것을 알렉산더 대왕과 그의 장군들이 이집트와 카르타고(아프리카 북부의 고대 도시 구가. 주전 146년 로마에 멸망됨)에 소개한 것이다. 그 후 로마인들은 카르타고인들로부터 그 관례를 배우고 실행에 옮 십자가는 하나님의 입?

겼으며, 이후 그 기술과 능력을 고도로 발전시켰다. 키케로(주전 106~43년, 로마의 웅변가, 정치가, 철학자), 타키투스(주후 55~117년, 로마의 역사가)와 같은 로마의 많은 저술가들이 그에 대해 평하고 있다. 몇 가지 십자가형의 변화가 고대 문학에 묘사되고 있는데, 이 글을 뒷받침해 줄 부분만을 언급하고자 한다.

십자가의 세로대 부분에는 꼭대기로부터 수직으로 60~90cm 밑에 가로대가 놓여 있었다. 이것이 오늘날 우리가 일반적으로 생각하는 고전형의 십자가(후에 '라틴 십자가'라고 명명됨)이다. 그렇지만 예수님 당시에 일반적으로 사용된 형은 '타우 십자가'(헬라어 알파벳 중 하나인 '타우', 영어의 T자 모양)였다. 이 십자가에는 가로대가 십자가 꼭대기에 있는 새김눈에 놓여져 있었다. 고고학적 연구를 통해 보면 예수님이 못 박히신 십자가가 바로 그런 십자가형 (T자형)이었음을 알 수 있다.

수직의 세로대는 이미 형장에 박혀 있었고, 사형 선고를 받은 사형수는 무게가 50kg이나 나가는 가로대를 지고 감옥에서 형 집행장소까지 운반해야 했다. 결국 중세와 르네상스 화가들은 아무런 역사적, 성경적 근거도 없이 십자가 전체를 지고 가는 예수님의 그림을 우리에게 전했던 것이다.

또 예수님의 십자가 상(像)에 대해 화가들과 조각가들이 남긴 많은 작품들은 손바닥에 못이 박힌 모습을 보여주고 있다. 그러나 로마의 역사 보고와 실험에 따른 연구에 의하면, 못이 예수님의 손바닥에 박힌 것이 아니라 손목의 작은 뼈 사이에 박힌 것을 알 수 있다. 만일 손바닥에 못이 박혔다면 못은 사람의 몸무게를 지탱치 못하고 손가락 사이를 찢고 나갔을 것이다. "내 손을 보아라"(요 20:27)고 도마에게 하신 예수님의 말씀을 잘못 이해할 수도 있겠으나 고대 해부학자나 현대 해부학자나 할 것 없이 모두 손목은 손의 한 부분으로 취급해왔다.

사형수의 죄목이 새겨진 작은 패(牌)는 보통 형장까지 가는 행렬 앞에 놓여 있었고, 나중에 사형수를 십자가에 못박은 후 머리 바로 위에 그 패를 함께 박았다. 십자가 꼭대기에 나무를 박고 그 위에 붙인 이 패는 어떻게 보면 라틴 십자가(+) 모양을 띤다.

겟세마네에서의 수난

예수님의 육체적 수난은 겟세마네 동산에서 시작된다. 이 초반의 고통에서 특별히 생리학적으로 흥미있는 점 하나만 논의해보면, 바로 '피 같은 땀'에 대한 것이다. 흥미롭게도 복음서 기자들 중에서 오직 의사인 누가만 이 사실을 기록하고 있다. 그는 "예수께서 힘쓰고 애써 더욱 간절히 기도하시니 땀이 땅에 떨어지는 피방울 같이 되더라"(눅 22:44)고 기록했다.

그러나 현대 신학자들은 그런 일이 일어날 수 없다는 잘못된 전제 하에 이 구절을 자기네들 구미에 맞게 해석하기 위해 별의별 시도를 다해 왔다. 의학서적을 찾아보면, 매우 희귀하기는 해도 '헤마티드로시스'(피 같은 땀) 현상이 잘 기록되어 있다. 극도의 감정적인 과로 상태에서는 작은 모세관이 땀샘에서 파괴될 수 있는데, 이 현상으로 말미암아 피와 땀이 섞이는 것이다.

대제사장 앞에서의 수난

이제 예수께서 배신당하고 붙들리신 현장으로 가보도록 하자. 여기서 다시 강조하고 싶은 것은 내가 예수님의 수난 기사를 모두 다루지는 않는다는 것이다. 이 사실에 실망할 지도 모르지만, 순수하게 수난의 육체적인 관점만을 논의하는데 집중하기 위한 불가피한 결정이었다.

한밤중에 잡히신 후 예수께서는 산헤드린 공회와 대제사장 가야바 앞으로 끌려갔는데, 바로 여기서 처음으로 외상(外傷)을 입으셨다. 대제사장 가야바의 질문에 아무 대답 없이 잠잠히 있다는 이유로 사환 중 하나가 예수님의 뺨을 때렸다. 그리고 나서 성전 경비대들이 그분을 끌고 가서 때리는 자가 누구인지 밝혀 보라고 조롱하면서 비웃고 침뱉으며 얼굴을 때렸다.

빌라도 앞에서의 수난

 상하고 멍들고 탈수 상태인 데다가 밤잠을 제대로 자지 못해 지쳐 버린 예수님은 이른 아침 예루살렘을 지나 유대 총독 본디오 빌라도의 재판정이 있는 안토니아 요새의 관정으로 호송되었다. 물론 빌라도가 책임을 유대의 분봉왕 헤롯 안디바스에게 전가하려 했음을 잘 알 것이다. 예수님은 헤롯에게서는 육체적으로 아무 손상도 입지 않은 상태에서 빌라도에게 다시 돌려보내졌다. 빌라도는 군중의 외치는 소리에 응하여 바라바를 풀어주고 예수를 채찍질하고 십자가에 못박도록 선고를 내렸다.

 채찍에 맞는 것이 십자가형의 시작에 속하는 것인지 여부에 대해서는 학자들간에 의견이 일치하지 않는다. 다만 그 당시 대부분의 로마 저술가들은 그 둘을 연관시키고 있지 않았다. 많은 학자들은 예수에 대한 형벌로 빌라도가 단순히 채찍질만 명했다고 생각하고 있다. 유대인의 왕이라고 자칭하는 예수에 대해 가이사 편을 들지 않는다고 군중들이 힐책하자, 그때서야 십자가형을 선고했다는 것이다.

십자가는 하나님의 입흥

채찍질의 수난

채찍질을 위한 준비가 다 되었고, '죄수'의 옷이 벗겨졌으며, 두 손은 머리 위 기둥에 묶여졌다. 이 때 로마 군병들이 채찍질을 하면서 유대법을 따르기 위한 어떤 시도를 했는지는 의문이다. 고대 유대법에 따르면 사십 번 이상 때리는 것은 금지되어 있다. 바리새인들은 그 법을 준수토록 하기 위해 철저하게 서른 아홉 번만 때리도록 했다.

로마 군병이 손에 채찍을 들고 한 걸음 다가섰다. 그것은 무거운 가죽끈으로 된 채찍으로, 그 끝에는 각각 두 개씩 둥그런 납덩이들이 달려 있었다. 그 무거운 채찍으로 예수님의 어깨, 등, 다리를 사정없이 내리쳤다. 처음에는 그 무거운 가죽끈이 피부만 찢었다. 그러나 계속 내리치면서 그 가죽 채찍은 피하 조직을 찢고 파고들었고, 모세관과 혈관에서 피가 줄줄 흘러나오기 시작했다. 결국은 속 근육에 있는 혈관에서 피가 뿜어나오기 시작했다.

   계속되는 채찍질 속에서, 특히 그 조그만 납덩이들 때문에 예수님의 몸에는 크고 깊은 상처가 생겼다. 시간이 지나면서 그분의 등살가죽은 걸레처럼 너덜너덜해지고 등 전체는 알아볼 수 없을 정도로 찢어진 채 피로 범벅된 살덩어리가 되었다. 그 '죄수'가 거의 죽게 되었다고 담당 백부장이 판단했을 때, 드디어 채찍질이 그쳤다. 실신 상태의 예수님은 포박에서 풀리자 자신의 피로 물들여진 돌바닥 위에 쓰러졌다.

가시 면류관의 수난

로마 군병들은 왕이라고 자칭하는 이 시골뜨기 유대인을 보며 희롱했다. 그들은 그분의 어깨 위로 자색옷을 던지고, 그 손에 왕이 쥐는 홀 대신 갈대를 쥐어 주었다. 또 그들은 자신들의 익살스런 작품을 완성하기 위해 조롱의 상징으로서 면류관을 만들기 시작했다.

긴 가시로 덮인 유연성 있는 가시더미(보통 땔감으로 사용되었음)가 면류관 모양으로 만들어져 예수님 머리 위에 씌워졌다. 그러자 다시 다량의 피가 흘러 나왔다. 머리는 신체 중에서도 혈관이 많은 곳이기 때문이다. 비웃고 얼굴을 때리고 난 후 군병들은 그 가시 면류관을 머리 깊숙이 씌우기 위해 예수님의 손에서 갈대를 **빼내** 머리를 내리치기 시작했다.

마침내 잔인한 장난에 싫증이 난 그들은 예수님 위에 덮여있던 자색옷을 잡아챘다. 그 자색옷은 이미 예수님이 흘린 피와 상처의 혈청에 달라붙어 있었다. 그래서 그 옷을 잡아챈다는 것은 상처를 감싼 외과용 붕대를 조심성 없이 잡아채는 것과 같은 영향력을 미치는 것이었다. 다시 채찍에 맞은 것처럼 상처 난 곳에서는 피가 흘러나오기 시작했고, 예수님은 고통스러워했다.

십자가는 하나님의 입품

수난의 발걸음

로마 군병들은 예수님의 옷을 돌려주었다. 무거운 십자가 가로대가 예수님의 어깨를 가로질러 묶여져 있었다. 그리고 사형 선고를 받은 예수님의 행렬이 두 강도와 로마 군병들과 함께 천천히 '비아 돌로로사'(via dolorosa, 예수께서 십자가를 지고 골고다까지 가신 길)를 따라 시작되었다. 예수님은 똑바로 서서 걸으려고 애를 쓰셨지만, 많은 피를 흘린 충격에다가 무거운 가로대의 무게를 감당하는 것이 무리였다.

예수님은 비틀거리다 쓰러졌다. 그 거친 나무 기둥은 그분 어깨의 찢어진 피부와 근육 속을 도려내듯이 비벼댔다. 다시 일어나려고 했지만, 인간 근육의 힘이 견뎌낼 수 있는 한도를 이미 넘어선 후였다.

⑫ 십자가

　백부장은 십자가형을 빨리 집행할 생각으로 건장한 북아프리카 구경꾼 구레네 시몬을 붙잡아 예수님 대신 십자가를 지게 했다. 예수님은 여전히 피와 끈적끈적한 땀을 흘리며 행렬을 따라갔다. 안토니아 요새로부터 골고다까지의 600여 미터의 행렬이 끝나자 유대인에게 허락된 속옷만을 남긴 채 군병들은 예수님의 옷을 다시 벗겼다.

십자가는 하나님의 마음

못 박히는 수난

그 다음 곧 십자가형이 시작되었다. 로마 군병이 독하지 않은 진통제와 몰약을 혼합한 포도주를 예수께 주었다. 그러나 예수님은 마시기를 거부하셨다.

십자가 가로대를 땅에 내려놓으라는 명령이 떨어지기 무섭게 예수님의 두 어깨가 가로대 위에 뉘어졌다. 로마 군병은 예수님의 손목 앞에 약간 오목한 곳을 손으로 더듬었다. 군병은 곧 묵직하고 네모진 단철 못을 예수님의 손목에 대고 치기 시작했다. 그 못은 예수님의 손목을 뚫고 나무에 박혔다. 군병은 재빨리 반대쪽으로 가서 팔이 어느 정도 움직일 수 있도록 조심하면서, 그분의 팔을 느슨하게 끌어가 다시 손목에 못을 박았다.

군병은 십자가의 가로대를 세워 올리고 '나사렛 예수 유대인의 왕'이란 죄표를 그 위에 박았다. 그리고 왼쪽 발을 오른쪽 발에 포개어 발가락이 아래로 향하게 하고, 무릎이 적당히 움직일 수 있게 한 상태에서 발목에 못을 박았다. 예수님은 이제 십자가에 못 박혔다. 점차 몸이 쳐져 손목에 박혀있는 못이 몸무게를 지탱하자 무서운 아픔이 예수님의 손가락과 팔을 따라 뇌로 전해졌다. 손목에 박혀있는 못은 중추에 압박을 가하기 시작했다. 고통을 피하기 위해 몸을 위로 밀어 올리자 몸무게 전체가 다리에 박힌 못에 지워졌다.

바로 이때 또 다른 현상이 일어났다. 팔이 피로해지자 경련이 그 근육 전체로 급속하게 퍼졌는데, 그것은 깊고 사정없이 쑤시는 아픔이었다. 이 경련 때문에 그분은 몸을 위로 밀어올리지 못하셨다. 그리고 그분의 팔에 몸무게가 실리게 되자 가슴 근육이 마비되고 늑간 근육도 제구실을 하지 못하게 되었다. 공기를 폐 안으로 흡입할 수 있지만 내쉴 수는 없었다. 짧은 호흡이라도 하기 위해 예수님은 몸을 위로 밀어 올리고자 안간힘을 쓰셨다. 드디어 이산화탄소가 허파와 혈류에 채워지자 근육의 경련이 부분적으로 가라앉았다. 발작적으로 그분은 숨을 내쉬기 위해 몸을 위로 밀어 올리고 산소를 들이마셨다.

가상칠언(架上七言)

십자가의 고통 가운데 예수께서는 일곱 가지 말씀을 하셨습니다.

· 첫째

"아버지여 저희를 사하여 주옵소서 자기의 하는 것을 알지 못함이니이다"(눅 23:34)

자신의 옷을 차지하기 위해 주사위를 던지는 로마 군병들을 내려다보며 하신 말씀이다.

· 둘째

"오늘 내가 나와 함께 낙원에 있으리라"(눅 23:43)

회개한 강도에게 하신 말씀이다.

· 셋째

"보라! 네 어머니이시다.", "여자여 보소서 아들이니이다"(요 19:26~27)

두려워 떨며 슬픔에 찬 사랑하는 제자 요한과 어머니를 내려다보며 하신 말씀이다.

· 넷째

"나의 하나님, 나의 하나님, 어찌하여 나를 버리셨나이까"(마 27:46)

이 말씀은 시편 22편 서두에 기록된 말씀의 인용이다.
말로 형용할 수 없는 아픔, 관절 마디를 부수는 듯한 경련, 때때로 일어나는 부분적 질식, 그리고 그 거친 나무 기둥에 대고 위아래로 몸을 밀어 올리고 내릴 때마다 찢기어진 등허리를 또 찢기는 고통의 시간이 계속되고 있었다. 게다가 새로운 고통이 더해졌는데, 심장이 압박되기 시작하면서 심하게 으깨는 듯한 고통이 가슴 깊숙이 파고들었던 것이다.

이것은 시편 22편 14절 말씀을 상기시켜 준다.

"나는 물같이 쏟아졌으며 내 모든 뼈는 어그러졌으며 내 마음은 촛밀 같아서 내 속에서 녹았나이다" (시 22:14)

이제 거의 모든 것이 끝나가고 있었다. 세포 조직 분비액의 유출은 위기 상태에 이르고, 압축된 심장은 무겁고, 그나마 남은 피를 세포 조직으로 보내기 위해 애쓰고 있었으며, 시달림을 받고 있던 폐는 약간의 공기라도 흡입하려고 필사적인 노력을 했다. 탈수가 된 세포 조직은 다량의 자극을 뇌에 전달했다.

· 다섯째

"내가 목마르다"(요 19:28)

이 말씀은 예언시 시편 22편에 있는 또 다른 절을 상기시켜 줄 것이다.

"내 힘이 말라 질그릇 조각 같고 내 혀가 잇틀에 붙었나이다 주께서 또 나를 사망의 진토에 두셨나이다"(시 22:15).

로마 군병들이 자기들이 두고 마시는 값싸고 신포도주를 스펀지(해융)에 적셔 그분의 입술 위로 들어올렸다. 그러나 그분은 어떠한 음료도 마시지 않으셨다. 예수님의 몸은 이제 극도의 고통과 탈진 상태에 달해 있었다. 그분은 죽음의 냉기가 자신의 피부 속으로 스며들어옴을 느낄 수 있었다.

· **여섯째**

"다 이루었다"(요 19:30)

죽음의 기운을 실감하자 이런 말씀을 하신 것이다. 아마도 고뇌에 차 속삭이는 소리보다는 좀더 컸을 것이다. 속죄의 임무가 완성되었고, 드디어 그분은 자신의 생명을 마감하도록 허락하셨다.

· **일곱째**

"아버지여 내 영혼을 아버지의 손에 부탁하나이다" (눅 23:46)

마지막으로 있는 힘을 다해 찢기어진 발로 못을 딛고, 다시 한번 몸을 밀어 올리며 다리를 뻗어 깊은 숨을 들이쉬면서 하신 말씀이다.

십자가는 하나님의 입품

그 후의 내용은 당신도 잘 아는 바이다. 안식일을 더럽히지 않기 위해 유대인들은 그 희생자들을 빨리 처리하여 십자가에서 옮겨 주기를 요구했다. 십자가 처형을 끝내는 평범한 방법은 다리를 꺾는 것이었다. 이것은 희생자가 몸을 위로 밀어 올리지 못하게 함으로써, 가슴 근육이 긴장을 풀지 못하여 쉽게 질식해 죽게 하는 방법이다. 그래서 군병들은 두 강도의 다리를 꺾었다.

그러나 예수께 왔을 때 그들은 그 행동이 불필요함을 알았다. 이미 돌아가셨기 때문이다. 그래도 죽음을 확인하기 위해 한 군병이 창으로 다섯째 갈비뼈 사이를 뚫고 심낭과 심장을 찔렀다. 사도 요한은 복음서 19장 34절에 "그 중 한 군병이 창으로 옆구리를 찌르니 곧 피와 물이 나오더라"고 기록하고 있다. 심장을 둘러싸며 고였던 액체와 심장에 있던 피가 흘러 나왔다. 그런고로 우리는 예수님이 십자가에서 질식으로 죽음을 당한 것이 아니라 심낭에 있는 액체에 의한 심장의 충격과 압축 때문에 심장 쇠약으로 돌아가신 것이라고 할 수 있다.

이렇게 예수님과 하나님을 향해 인간이 드러내놓은 악의 모습을 대강 훑어보았다. 그것은 결코 아름다운 광경이 아니다. 상상하는 것만으로도 우리를 낙심케 하고 슬프게 하는 것이다. 그러나 그 후편(後篇)이 우리에게 있다는 것은 얼마나 감사한 일인가! 인간을 향한 하나님의 긍휼의 모습이 있다는 것이···.

속죄의 기적과 부활의 아침을 기다리며!!

하나님께서는 당신이 4가지 사실을 알기를 원하십니다.

- 당신은 구원이 필요합니다
- 당신은 스스로를 구원할 수 없습니다
- 하나님께서는 당신의 구원을 위해 예비해 놓으셨습니다
- 주 예수님께서는 당신을 구원하시고 지켜주십니다

당신은 구원이 필요합니다.

모든 사람이 죄를 범하였으매 하나님의 영광에 이르지 못하더니(롬 3:23)

우리는 다 양 같아서 그릇 행하여 각기 제 길로 갔거늘
(사 53:6 상반부)

한번 죽는 것은 사람에게 정하신 것이요 그 후에는 심판이 있으리니(히 9:27)

죄의 삯은 사망이요 하나님의 은사는 그리스도 예수 우리 주 안에 있는 영생이니라(롬 6:23)

예수께서 대답하여 가라사대 진실로 진실로 네게 이르노니 사람이 거듭나지 아니하면 하나님 나라를 볼수 없느니라
(요 3:3)

육으로 난 것은 육이요 성령으로 난 것은 영이니(요 3:6)

당신은 스스로 구원할 수 없습니다.

어떤 길은 사람의 보기에 바르나 필경은 사망의 길이니라
(잠14:12)

사람이 의롭게 되는 것은 율법의 행위에서 난 것이 아니요 오직 예수 그리스도를 믿음으로 말미암는 줄 아는 고로 우리도 그리스도 예수를 믿나니 이는 우리가 율법의 행위에서 아니고 그리스도를 믿음으로서 의롭다 함을 얻으려 함이라 율법의 행위로서는 의롭다 함을 얻을 육체가 없느니라(갈 2:16)

너희가 그 은혜를 인하여 믿음으로 말미암아 구원을 얻었나니 이것이 너희에게서 난 것이 아니요 하나님의 선물이라 행위에서 난 것이 아니니 이는 누구든지 자랑치 못하게 함이니라
(엡 2:8~9)

예수께서 가라사대 내가 곧 길이요 진리요 생명이니 나로 말미암지 않고는 아버지께로 올 자가 없느니라(요 14:6)

다른 이로서는 구원을 얻을 수 없나니 천하 인간에 구원을 얻을만한 다른 이름을 우리에게 주신 일이 없음이니라 하였더라
(행 4:12)

●●●

하나님께서는 당신의 구원을 위해 예비해 놓으셨습니다.

하나님이 우리를 세우심은 노하심에 이르게 하심이 아니요 오직 우리 주 예수 그리스도로 말미암아 구원을 얻게 하신 것이라 예수께서 우리를 위하여 죽으사 우리로 하여금 깨든지 자든지 자기와 함께 살게 하려 하셨느니라(살전 5:9~10)

하나님이 세상을 이처럼 사랑하사 독생자를 주셨으니 이는 저를 믿는 자마다 멸망치 않고 영생을 얻게 하려 하심이니라(요 3:16)

우리는 다 양 같아서 그릇 행하여 각기 제 길로 갔거늘 여호와께서는 우리 무리의 죄악을 그에게 담당시키셨도다(사 53:6)

그리스도께서도 한번 죄를 위하여 죽으사 의인으로서 불의한 자를 대신하셨으니 이는 우리를 하나님 앞으로 인도하려 하심이라 육체로는 죽임을 당하시고 영으로는 살리심을 받으셨으니
(벧전 3:18)

하나님의 은사는 그리스도 예수 우리 주 안에 있는 영생이니라
(롬 6:23 하반절)

● ● ● ●

주 예수님께서는 당신을 구원하시고 지켜주십니다.

그러므로 자기를 힘입어 하나님께 나아가는 자들을 온전히 구원하실 수 있으니 이는 그가 항상 살아서 저희를 위하여 간구하심이니라(히 7:25)

능히 너희를 보호하사 거침이 없게 하시고 너희로 그 영광 앞에 흠이 없이 즐거움으로 서게 하실 자(유 24절)

자기가 시험을 받아 고난을 당하셨은즉 시험 받는 자들을 능히 도우시느니라(히 2:18)

그런즉 누구든지 그리스도 안에 있으면 새로운 피조물이라 이전 것은 지나갔으니 보라 새것이 되었도다
(고후 5:17)

그러므로,

회개하십시오.
이제는 어디든지 사람을 다 명하사 회개하라 하셨으니
(행 17:30 하반절)

믿으십시오.
주 예수를 믿으라 그리하면 너와 네 집이 구원을 얻으리라
(행 16:31)

하나님께 당신의 죄를 고백하십시오.
만일 우리가 우리 죄를 자백하면 저는 미쁘시고 의로우사 우리 죄를 사하시며 모든 불의에서 우리를 깨끗케 하실 것이요
(요일 1:9)

사람들 앞에서 그리스도를 시인하십시오.
네가 만일 네 입으로 예수를 주로 시인하며 또 하나님께서 그를 죽은 자 가운데서 살리신 것을 네 마음에 믿으면 구원을 얻으리니 사람이 마음으로 믿어 의에 이르고 입으로 시인하여 구원에 이르느니라(롬 10:9~10)

하나님의 가족으로 성장

당신은 예수님이 당신 인생의 중심라는 것을 확신할 수 있다.
예수님께 당신의 죄를 용서해달라고 했는가?
만약 했다면 하나님은 다음의 것들을 당신에게 약속하신다.

- 예수님은 당신의 삶 안에 계신다(계 3:20).
- 당신은 언젠가 예수님과 함께 하늘에서 살 것이다(요 14:1-4).
- 당신의 모든 죄는 용서됐다(골 1:14).
- 당신은 하나님과 함께 위대한 모험을 시작했다(요 10:10).
- 하나님은 결코 당신을 떠나지 않으신다(히 13:5).
- 당신은 영원히 하나님의 가족이다(요 10:28~29).

하나님의 가족이 되는 것보다 더 놀라운 것을 생각할 수 있는가? 지금 바로 오늘 당신을 위해 그분이 행하신 것들과 이 약속들에 대해 하나님께 감사하라.

어떻게 하나님의 가족으로 성장할 수 있는가?

하나님의 자녀로 성장하는 것은 그분을 신뢰하는 것에서 비롯된다. 당신은 다음의 일들을 행함으로써 하나님 가족의 새 구성원으로서 더 강하게 성장할 수 있다.

1. 매일 하나님께 기도함으로 하나님을 만나라.
"아무 것도 염려하지 말고 오직 모든 일에 기도와 간구로, 너희 구할 것을 감사함으로 하나님께 아뢰라 그리하면 모든 지각에 뛰어난 하나님의 평강이 그리스도 예수 안에서 너희 마음과 생각을 지키시리라"(빌립보서 4:6-7).

2. 매일 하나님의 말씀, 즉 성경을 읽으라.
"베뢰아 사람은 데살로니가에 있는 사람보다 더 신사적이어서 간절한 마음으로 말씀을 받고 이것이 그러한가 하여 날마다 성경을 상고하므로"(사도행전 17:11).

3. 매 순간 하나님께 순종하라.

"나의 계명을 가지고 지키는 자라야 나를 사랑하는 자니 나를 사랑하는 자는 내 아버지께 사랑을 받을 것이요 나도 그를 사랑하여 그에게 나를 나타내리라"(요한복음 14:21).

4. 매일 말과 행동으로 다른 사람에게 예수그리스도에 관하여 말하라.

"우리가 그를 전파하여 각 사람을 권하고 모든 지혜로 각 사람을 가르침은 각 사람을 그리스도 안에서 완전한 자로 세우려 함이니"(골로새서 1:28).

5. 교회 예배에 빠지지 말고 출석하라.

"모이기를 폐하는 어떤 사람들의 습관과 같이 하지 말고 오직 권하여 그날이 가까움을 볼수록 더욱 그리하자"(히브리서 10:25).

구원의 확신과 기쁨

조지커팅 외 지음

크리스천들의 가장 근본적인 문제인 구원. 이 구원에 대해 이 책은 우리가 흔히 잘못 생각하고 있는 부분들을 쉽게 풀이하고 있으며, 구원을 얻고 난 이후의 영적 성장을 위한 방법들도 제시하고 있습니다.

구원을 열망하라

오스왈드 스미스 지음

영생을 향한 열정이 회복됩니다!
천국의 소망이 구체적으로 다가옵니다!
관중을 압도하는 강력한 메시지로 전 세계의 부흥을 주도한 오스왈드 스미스의 대표작!

인생을 바꿔주는 것

하순회 교수 지음

의미없는 인생에서 가치있는 인생으로-
부끄러운 인생에서 아름다운 인생으로-
바꿔주는 분이 가까이에 계십니다!

복음생활인가/종교생활인가?
믿음을 시험하고 확증하라

정원기 목사 지음

그냥 교회만 다니고 있는건지...
진짜 예수를 믿으며 다니는지...
구원의 확신을 통해 복음의 능력을
체험하면서 살아야 합니다!

더럽혀진 하나님

조니 무어 지음

지금, 이 시대에 꼭 필요한 메세지!
왜, 그분은 더럽혀져야 했는가 …
이제는, 우리가 더럽혀져야 합니다.
주님의 은혜를 바르게 깨닫게 하는 책!

두자녀를 잘 키운 삼숙씨의 이야기

정삼숙 사모 재음

미국의 예일, 줄리어드, 노스웨스턴, 이스트만, 브룩힐, 한예종, 예원중에서 수석도 하고 장학금과 지원금으로 그동안 10억여 원을 받으며 공부하는 두 아이지만, 그녀는 성품교육을 더 중요시했습니다.

모든 것 위에 계신 하나님

최광규 선교사 지음

25년 전 도미니카에 파송된 그를 8교회 개척부흥/명문학교 설립케 하고 도미니카 국가공인 기도군대 대장으로 허리케인과 맞서 물리치기까지 하나님과 함께 한 놀라운 영적 체험기!

예수님 능력 갖게 하소서

송용필 목사 지음

서신서, 요한복음, 계시록에서 예수님 능력 갖기!
예수님의 능력과 가치관을 품고, 성경적 생활 방법 안내!
〈제1권〉예수님 마음 〈제2권〉예수님 성품

망망한 바다 한가운데서 배 한 척이 침몰하게 되었습니다.
모두들 구명보트에 옮겨 탔지만 한 사람이 보이지 않았습니다.
절박한 표정으로 안절부절 못하던 성난 무리 앞에 급히 달려 나온 그 선원이
꼭 쥐고 있던 손바닥을 펴 보이며 말했습니다.
"모두들 나침반을 잊고 나왔기에… "
분명, 나침반이 없었다면 그들은 끝없이 바다 위를 표류할 수 밖에 없을 것입니다.

우리는 삶의 바다를 항해하는 모든 이들을 위하여
그 나침반의 역할을 하고 싶습니다.
우리를 구원하신 위대한 주 예수 그리스도를 널리 전하고 싶습니다.

"하나님은 모든 사람이 구원을 받으며
진리를 아는 데에 이르기를 원하시느니라"
(디모데전서 2장 4절)

십자가는 하나님의 입증

지은이 | D.M. 로이드 존스, 트루만 데이비스
옮긴이 | 김광수, 유영익
발행인 | 김용호
발행처 | 나침반출판사

재발행 | 2022년 3월 1일

등 록 | 1980년 3월 18일 / 제 2-32호
주 소 | 157-861 서울 강서구 염창동 240-21
　　　　블루나인 비즈니스센터 B동 1607호
전 화 | 본　사(02)2279-6321
　　　　영업부(031)932-3205
팩 스 | 본　사(02)2275-6003
　　　　영업부(031)932-3207

홈페이지 | www.nabook.net
이 메 일 | nabook@korea.com

ISBN 978-89-318-1292-3
책번호 가-1095

값은 뒤표지에 있습니다.